青少年必備的金錢理財指南

沒有富爸爸
也能富一生

The Kids' Money Book

Earning, Saving, Spending, Investing, Donating

Jamie Kyle McGillian
傑美・凱爾・麥吉蘭 著
洪世民 譯

The

KIDS' MONEY

Book

Contents

目次

三年前，當我剛開始寫《沒有富爸爸，也能富一生》的時候，我家裡有兩個小小的花費者。當時，小女會拿零用錢買糖果和搭配衣服用的人造珠寶──錢對她們來說不是那麼複雜。

現在，那兩個小丫頭都十幾歲了。她們偶爾還是會買糖吃，但錢主要花在跟朋友出去時買的飲料和點心上。她們也買 iTunes 的音樂和手機 app。錢對她們來說非常重要，因此她們總是想辦法賺錢來花。我試著鼓勵她們儲蓄，不要老是把口袋裡的錢花光光。

過去十年，就在我的小花費者長成大花費者期間，拜科技所賜，金錢的世界已然轉變。當這本書的第一版於 2003 年出版之際，世上還沒有 Facebook、Instagram，沒有 Twitter、iPhone、Netflix。當時的世界，你們很多人可能根本無法想像！而當那些東西陸續問世，我們買的東西和付錢的方式也隨之改變。所以我們更新了這本書的內容，提供儲蓄、花費、賺錢、投資和捐獻等方面的新建議。

隨著你年歲增長，錢對你愈來愈重要。你求學需要錢、租房子要錢、買房子要錢、度假要錢、上班通勤要錢、甚至結婚也需要錢。

哇，不用講到那麼遠啦！多數年輕人還沒開始付房租呢。但他們已經是消費者，已經會花錢了。那麼，他們都買些什麼呢？

青少年的花費

派傑投資銀行（Piper Jaffray）在 2015 年進行一項名為「評估青少年」的研究，反映出美國四十四州六千多名青少年的意見。這項研究發現，青少年花在飲食上的錢最多，將近占了總支出的 23%。青少年在下面的餐廳花最多錢，依序是：

1. Starbucks
2. Chipotle
3. Chick-fil-A
4. Panera Bread

青少年大約花了 20% 的錢買服飾，在下列店家花最多：

1. Nike
2. Forever 21
3. American Eagle
4. Ralph Lauren

根據這項研究，青少年常在網路購物。

你的年紀可能還不到青少年，但再過一陣子就是了。你的錢會怎麼花呢？你會花錢買珍珠奶茶和炸雞排，還是投資你的未來呢？你會做聰明的理財選擇嗎？

多數青少年都喜歡花錢，但手頭拮据時，他們可能會削減支出。就跟大人一樣。景氣好時，人們會花錢上館子、看電影、看表演；但時機沒那麼好的時候，人們就可能待在家裡，哪兒也不去。為確切了解這點，認識一下經濟，或怎麼賺錢、用錢的制度很重要。

2008 年出現了一場經濟衰退。經濟衰退會發生什麼事呢？東西的買賣和生產會慢下來，甚至停止。產品或服務賣不出去，企業往往必須解雇員工。那表示失業率會升高。

沒有工作，很多人就沒有錢付帳單。很多屋主失去自己的房子。有些家庭得學會用較少的金錢過日子，他們可能會搬去比較小的房子住。有些勞工要找好幾份兼職的工作才能彌補丟掉的飯碗。

那場經濟衰退讓經濟積弱不振。我們到今天仍能感覺到它的影響，不過經濟學家，也就是研究經濟的人相信，那只是景氣循環的一部分。基本上，那意味著往下走的最後一定會再爬上來——即使財經專家指出，我們可能要花一些時間才能恢復。

所以我們更有理由精打細算。

1

錢的重要關頭
Moments in Money

錢的重要關頭
Moments in Money

不是什麼都需要錢。有些東西不用花錢買：空氣、水、夕陽、月光、彩虹、雪花、沙灘。但沒有錢，我們要怎麼擁有住家、汽車、手機、服飾、美食和書籍呢？數千年以前，世界上沒有金錢，那時人們是怎麼過日子的呢？

錢的歷史

很久以前，當人們需要別人擁有的東西時，會以物易物，這就是「交易」的原意。如果你曾經和朋友換過棒球卡，你們就是在以物易物。你拿別的東西，換取你想要或需要的東西。

想想如果每當你需要或想要什麼都得拿東西交換，生活會變成什麼樣子。「我拿這件毛線衣跟你換這雙鞋。」「我給你兩顆枕頭換一條毯子。」你每得到一樣東西，就得放棄其他東西。你的交易取決於你的需求和你有多少東西，以及對方想要拿什麼來交換。

以物易物有它的問題。例如，假使你想要食物，但你沒有對方

想要的東西，這時該怎麼辦？或者，要是你非常需要水或藥物，但對方非要你拿牛和獸皮交換——而你也需要牛和獸皮，又該如何是好？如果跟你交易的人知道你亟需水或藥，他可能要你付出很多東西（例如你所有的牛隻和獸皮）才肯換給你。找第三者過來幫忙判斷交易是否公平，可能也不容易。想像一下當時因交易引起的糾紛……今天世界某些地方可能還有這種情況。

也想像一下，拖著你所有家當走來走去，急著要換東西卻累個半死的情景。你可能會想：「一定有更好的辦法。」

我們今天仍以某些方式進行以物易物。萬一你身處的地方沒有無線網路，而你真的需要上網，這時該怎麼辦？你可能會考慮去一家免費提供 Wi-Fi 的咖啡廳。你買杯飲料和點心，換得一段不會斷線的網路時光。聽起來是相當公平的交易。

但以物易物的制度並未延續下來。

錢的起源

於是，交易媒介，也就是「價值的通用尺度」的概念浮上檯面。視你住在哪裡而定，民眾一致同意的交易媒介可能包括鹽、獸皮、羽毛、珠子或玉米，也可能是琥珀、蛋、象牙、牛、貝殼、茶葉、魚鉤、毛皮，甚至菸草。牛是第一個，也是最古老的金錢形式。有了交易媒介，就有東西可以計數。那形成我們一致同意的價值制度。

不過，這些早期的金錢形式當然會有問題。牛隻太重，難以帶著走。某些形式，例如蛋和玉米，會腐爛，茶葉和菸草則會被風吹跑。而且這些「錢」大都沒辦法放進你的皮夾！

於是人們逐漸明白，他們需要不一樣的「東西」：除了價值要獲得眾人一致認同，還要體積小、容易攜帶，且能夠持久。

從硬幣到紙幣

金、銀等貴金屬開始被當成金錢使用。位於今天土耳其境內的古王國呂底亞（Lydia），是第一個用黃金來鑄造錢幣的國家。為榮耀呂底亞的克洛伊索斯國王（King Croesus），這些金幣壓印了獅頭圖案。隨著錢幣在其他國家蔚為風行之後，各國領導人的肖像也被印在錢幣表面。

為什麼金屬幣能大獲成功呢？

☀硬幣可以鑄成不同樣式──一種硬幣代表一個價值，另一種代表另一個價值。

☀硬幣容易攜帶，你去哪裡就跟你去哪裡。

☀硬幣不會破損，也不會自己跑掉。

☀硬幣可以限制數量，但可以鑄造足夠的數量，使之不虞匱乏。

☀硬幣可以熔化來鑄造新的錢幣。

第一批金屬幣大約從 4500 年前啟用。金屬幣的使用很快傳遍歐洲及中東各地。然後，大約 1800 年前，中國發明了紙幣。紙幣代表某個金額，可用以贖回有價值的物品，例如黃金。紙比貴金屬更

輕、更容易攜帶，製造起來也便宜許多。

　　古寺廟是最早的銀行。那裡被視為存放金錢的安全地點，因為人們相信沒有人敢在宗教場所偷竊。

　　隨著城市之間的旅行日益盛行、人們開始更自由地與其他文化貿易，有些商人開始付錢請人兌換其他城市的貨幣；這些人可從他們兌換的金額收取服務費。他們被稱為「貨幣兌換商」，堪稱最早的銀行家。

新型態的錢

　　為了我們的便利，金錢已隨時間演化。今天有些人身上根本不帶現金。他們用網路服務或 app 來「轉帳」：把錢從一人轉到另一人，從一地轉到另一地。這些服務會幫你付款、收款和請款。只要有銀行帳戶，幾乎人人皆可使用。人們也用信用卡和簽帳金融卡來支付費用：錢會直接從他們的銀行帳戶提出。

　　電子服務使付款易如反掌。不妨這樣想：假如你欠某人五十塊錢，而你口袋裡只有一張百元鈔，你得先把百元鈔找開，才能還錢給那個人。有了電子貨幣，你完全不必那樣想。付款就像發送電子郵件或簡訊一樣簡單。你能想像，紙鈔和硬幣正逐漸成為過去式嗎？

比特幣正成趨勢

比特幣（Bitcoin）是一種加密貨幣（cryptocurrency）。它僅存在於虛擬世界。你沒辦法把這種錢幣放進口袋，也不能向銀行購買。透過比特幣，雙方可以在銀行毫不知情下兌換貨幣，因此不會被銀行分一杯羹。創立於 2009 年，比特幣原本就是設計來卸除銀行和政府的權力。但使用比特幣可能導致其他問題。例如，沒有銀行的書面交易資料，你要怎麼證明自己真的付錢了？專家仍在爭論比特幣該正式列為貨幣或商品；目前美國政府將它歸類為商品。

比特幣存在網路「錢包」中。那其實是在一個網站上開設的帳戶。交易只在網路市場進行，且使用者無法被追蹤。

比特幣可用來購買不同的物品，但問題在於賣方必須接受，而到目前為止，多數企業並不接受。不過，比特幣可在一些大型商店甚至一些網路服務使用。你也可以用比特幣支付太空旅行的費用──假如你正打算赴月球旅行的話。

全球各地已經有些孩子在用比特幣買 WoozWorld 等線上遊戲，或向亞馬遜（Amazon）或戴爾（Dell）買東西了。頗受歡迎的遊戲「當個創世神」（Minecraft）已將比特幣納入內容，用來教導年輕人數位貨幣的概念。

有些人認為比特幣是未來的趨勢。甚至有些孩子的零用錢是比

特幣！其他人則認為這種加密貨幣只是一股潮流，很快就會消退。
你認為呢？從茶葉到硬幣，從紙幣到塑膠卡片和比特幣，金錢的面
貌持續轉變。

錢的大事紀
Money Timeline

錢會出現不是一朝一夕的事。錢的概念,以及錢的製造和用途,
都經歷了數千年的發展。下面是金錢演變至今發生過的大事。

注:西元 1331 年以前的日期是「大約」。

西元前 9000 – 6000 年

牛和農作物被當成金錢使用。
牛是已知最古老的金錢形式。

西元前 1200 年

「貨貝」這種軟體動物在中國被當成貨幣使用。

西元前 687 年

小亞細亞的呂底亞王國發明第一批硬幣。

西元前 600 – 570 年

硬幣的使用從呂底亞傳播到希臘。在這之前,
雅典人拿鐵釘當錢用。

| 西元前 118 年 | 皮革錢傳入中國。那是一塊塊白色的鹿皮，鑲著五顏六色的邊。 |

| 西元 200 年 | 中國發明紙幣。 |

| 1160 – 1200 年 | 英國用木柴，即「符木」做為賒帳憑證。柴上的刻痕代表特定金額，然後木柴會劈成兩半，一半作為貸方的憑證，另一半則提醒借方欠錢未還。 |

| 1232 – 1253 年 | 數個義大利國家發行金幣。 |

| 1236 年 | 蒙古帝國發行紙幣。 |

| 1319 – 1331 年 | 印度部分地區和日本發行紙幣。 |

| 1440 年 | 印刷工人古騰堡（Johannes Gutenberg）發明現代印刷機。 |

| 1452 – 1519 年 | 第一批壓印花邊的錢幣採用畫家達文西（Leonardo da Vinci）的設計，鑄幣用的磨臼由水力驅動。 |

1500年 ∗ 誇富宴

1535年 ∗ 貝殼串珠

1566 年	英國設立皇家交易所（Royal Exchange），彰顯銀行業務的重要性。
1599 年	胡椒成為貴重的商品，有時比等重的黃金還值錢。荷蘭人企圖壟斷全球胡椒市場。
 1702 年	英國皇家鑄幣廠（Royal Mint）的廠長艾薩克・牛頓爵士（Sir Isaac Newton）檢驗了五十六種外國的金幣和銀幣（化驗貴金屬的純度），測定它們與英國國家標準的相對價值。
1715 年	由於英國貨幣在北卡羅萊納和北美其他地方發生短缺，串珠、菸草和其他天然資源被拿來代替錢幣使用。
1793 年	美國鑄幣廠開始鑄造錢幣流通，發行了一萬一千一百七十八枚一分錢的銅幣。
1848 年	加州淘金熱導致金幣產量大增。

你知道嗎？

富宴（potlatch）是美洲西北部原住民的習俗。節慶活動包括舞蹈、筵席和精心設計的交換禮物：部落和與會者交換昂貴的織品、珠寶和其他貴重物品，比誰的東西高貴。後來，當地通過一些令，這場奢華的傳統贈禮宴會就停止不辦了。

. . . .

洲原住民最著名的金錢形式是用蛤殼做成的串珠（wampum）。這一串串珠子既是錢，也被許北美印地安人拿來當裝飾品。印地安語「wampum」原意為「白色」，即串珠的顏色。1637年，薩諸塞灣殖民地宣布串珠為法定貨幣（可作為金錢使用）。

1909年	林肯的肖像印在新美國一分幣上，以此紀念他的百年誕辰。
 1929年	「黑色星期一」股市大崩盤，致使數十億美元從美國經濟憑空蒸發，四千家銀行倒閉。
1992年	歐洲單一市場創立，撤除資金、勞動力、商品和服務的障礙。
 2002年	歐元取代歐洲十二國的國幣。
2008年	經濟衰退席捲美國和全球其他地區。
2009年	比特幣問世。

天許多硬幣都有壓印花邊，或一條脊狀的邊線。在硬幣邊緣加脊狀線的做法從很久以前就開始。當時錢幣還是用金和銀鑄造時，有些人會偷偷削去錢幣的邊緣——把刨下的薄片拿去賣！為遏止這些竊行，在用貴金屬鑄造錢幣時，便會加上隆起的邊緣。

雅浦人的錢

數百年前，南太平洋雅浦島（Yap）上的原住民解決了偷錢的問題——沒有人可以順手牽羊帶走千斤重的硬幣！

雅浦人用石灰石做的「石頭錢」常重達 500 磅，得捶打、刮磨成形。然後每一塊石頭錢的中央都會用手工鑽孔，拿又長又重的竿子穿過去，便於搬運。這些石頭是從 250 哩外的帛琉島運來雅浦島的。島民會划獨木舟去帛琉，然後用木筏把石頭運回來。

要取得那些大石頭既困難又危險，但雅浦人的傳統和文化非常重視這種名副其實在「造錢」的辛苦工作。

2

錢很重要
Money Matters

2

錢很重要
Money Matters

錢對你有多重要，你對錢又有多理性呢？你會變成那種銅臭味十足的人嗎？會時常往返那些名字很難念、坐擁美不勝收的夕陽和棕櫚樹的地方嗎？或者你的需求比較簡單？一間小房子、一部二手車、偶爾上館子享用一頓佳餚，你就心滿意足了？透過以下的小測驗，測試一下你的金錢觀──你的賺錢和花錢技能。答案沒有對錯，只有對金錢明智和沒那麼明智的選擇。做完測驗後，請把分數加起來。你將會更了解自己！

測驗時間！

金錢觀小測驗

1. 你剛聽到一首新歌，好喜歡，這時你會……

    a. 在iTunes上買這首歌。

    b. 買下這個樂團灌錄過的每一首歌。

    c. 查看音樂串流服務上有沒有這首歌。

    d. 你朋友去買，這樣你一毛錢都不必花。

2. 你在你鞋櫃的一隻鞋子裡發現 400 元，這時你會……

    a. 200元存在銀行，200元放進皮夾。

    b. 請所有朋友吃點心。

    c. 存入大學教育基金。

    d. 藏在沙發墊裡以備不時之需。

3. 你試穿一條非常合身的牛仔褲，唯一的麻煩是，它價格不菲，這時你會……

    a. 管它的，馬上買下來。

    b. 每天回那家店看看有沒有特賣優惠。

    c. 上網看能不能以較低的價格買到同一條牛仔褲。

    d. 請奶奶買給你，說不定她會順便送你一雙運動鞋。

4. 你和你的「麻吉」要幫一個朋友辦生日派對給他驚喜，這時你會……

    a. 跟你的麻吉合資買食物、飲料、氣球、蛋糕和禮物。

b. 拿你的零用錢買所有東西，包括卡拉OK機——畢竟，你的朋友只有一次十歲生日。

c. 請朋友的爸媽負擔一切開銷。他們家真的很有錢。

d. 省點錢，和麻吉合資買一片披薩、喝白開水代替果汁或汽水、自己烤蛋糕，不買現成的。

5. 你得知一個慈善團體，很喜歡，你想捐錢，這時你會……

a. 請父母給你錢捐。

b. 每天到慈善團體的總部當志工。

c. 參與步行籌款活動，並捐出自己口袋裡的錢。

d. 把那個團體列為未來的捐助對象。

6. 你一直在存錢想買把電吉他，等錢存夠時，你會……

a. 買最好的。因為你值得。

b. 買最便宜的，讚揚自己把錢存下來。

c. 用比較便宜的價格買一把品質不錯、你想要的特色一應俱全的二手貨。

d. 請爸媽買給你，跟他們保證你每個月至少會練習一次。

計分

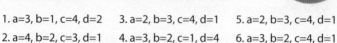

把你的分數加起來。以下是每一個選項的分數。

1. a=3, b=1, c=4, d=2　　3. a=2, b=3, c=4, d=1　　5. a=2, b=3, c=4, d=1
2. a=4, b=2, c=3, d=1　　4. a=3, b=2, c=1, d=4　　6. a=3, b=2, c=4, d=1

計分卡

6–8分 ✳
需要改進

　　睜開眼睛，想想金錢對你和你身邊的人有什麼影響。玩幾場「大富翁」吧。開始記帳。把錢存進撲滿，開始儲蓄吧！

9–12分 ✳
還有進步空間

　　從用錢的錯誤中學習。人人都會犯錯，但聰明人會記取教訓。設定目標，每個月存下一星期的零用錢。發揮創意、多賺點錢。今天就開始思考準備大學基金的事。

13–18分 ✽
極具潛力

　　你已經上軌道了！走入社區，向人們請教最好的理財忠告。編一本屬於你自己的理財書：把理財專家給你的建議，以及你讀過的書籍和文章集結起來。培養那些理財技能。探究未雨綢繆的概念。

19–23分 ✽
令人眼睛一亮

　　你即將成為真正的理財高手。和朋友合作、開創你們自己的事業。試著打打零工。拿個罐子把你幸運得到的錢收集起來，用來支應事業的開銷。

24 分 ✽
完美的理財頭腦

　　你是不可多得的理財人才，未來成功可期。利用閒暇時間讀一讀理財的報章雜誌。把你最好的理財概念寫在日記裡；甚至開個粉絲專頁聊一聊。做些大事，例如舉辦才藝表演會來為當地兒童醫院籌措資金。你的理財頭腦會讓你揚名立萬！

關於你的答案：

1. 用負責任的方式培養你的興趣。

這一題最好的答案是c，因為它反映了對於支出的精明態度。當然，如果你是真正的音樂愛好者，買那首歌就無傷大雅，但那個樂團錄製的每一首歌都買的話，就太超過了，你不覺得嗎？

2. 做牢靠的決定，反映良好的判斷力。

最好的答案是a，因為你存下一半的錢，一半打算消費。以你的年紀，不必全部都用來當大學基金。請你的朋友吃吃喝喝或許能讓你受歡迎，但你愈是這樣做，他們就愈覺得理所當然。最後，把錢藏在沙發墊裡，對你有什麼好處呢？

3. 拿錢買時尚，問問自己——值不值得？

如果你真的很愛那條牛仔褲，就去買吧。但如果它太貴，就最好三思而後行。最好的答案是c，這叫「比價」。你永遠不知道什麼時候才會在網路或購物中心看到特賣；如果請奶奶買給你，那你就沒有為自己想要的東西負責了。

4. 做人大方親切，好心有好報。

你真是個好朋友，要幫朋友舉辦派對。但當心，代價可能很高。

沒有人要求你把銀行戶頭裡的錢領光光。選擇d比較聰明，因為你可以縮小派對規模，並請朋友幫忙。但這不是你朋友的爸媽該協助的場合，除非他們主動提出。

5. 發自內心的慈善。

樂善好施是非常棒的特點。你要捐的錢該從自己的口袋拿出來，但你也該付出一些時間投入那樣的志業。選c最聰明，而你會發現，想辦法參與、對那項志業有所貢獻，能帶給你真正的滿足感。

6. 別一時衝動，買下昂貴的物品。

電吉他，是嗎？這不是開玩笑的。你不會想買最便宜的那把，那可能很容易故障；除非你是專業的樂手，你也不需要買最精美的。你只需要一把品質還不錯、可讓你學習彈奏的吉他。選c是明智的，因為樂音美妙的老吉他壽命很長。而你不需要爸媽幫忙、靠自己就能買到它，不是很棒的一件事嗎？

錢都去哪兒了？

一些拿去買黑糖珍珠奶茶，一些買電玩手遊，時不時來個雞排滷味、一罐造型髮蠟、幾張電影票，你就沒錢了。

不妨趁你還年輕，就建立聰明的金錢觀念！如果你要等長大成人才去想怎麼賺錢和存錢，可能已經花掉一大筆錢了。趁現在你年紀還小，就開始思考吧，相信你會步上正軌，邁向財務成功的未來。

哪種代價比較高？

是孩童時犯的金錢錯誤（例如把零用錢花光、沒錢買點心或最新款的指甲油了），還是長大後犯嚴重的理財錯誤（例如付不出貸款而失去車子，或房子被法院拍賣）呢？年輕時沒有學到正確理財

觀念的成年人，往往要付出慘痛的代價。即使他們能避免嚴重的錯誤，但老是擔心帳單付不出來，或沒有足夠的錢照顧家人，可一點也不好玩。

現在就學習怎麼做聰明的財務決定，未來你將更有機會過你想要的人生。

想想你的未來

想像你已長大成人。錢會在你的生命扮演什麼樣的角色呢？要是你想當作家，但你知道寫作不會讓你變有錢呢？一邊寫作，一邊在可以說家徒四壁的小雅房裡生活，你會快樂嗎？當你想到幸福美滿的家庭時，腦海浮現的是小套房還是透天別墅呢？你相信只要能做你喜歡做的事，就「無入而不自得」嗎？想想你長大後可能想做什麼，再找出那份工作的平均薪水。跟你的爸媽或其他大人討論，那份工作能給你什麼樣的生活。那適合你嗎？你會怎麼花你賺的錢呢？或許你喜歡烏龜，那麼現在就開始存錢，在上大學前來一趟精采絕倫的加拉巴哥群島之旅吧。

明白需要與想要的不同

如果你有一筆錢，你要怎麼知道，該怎麼花最好呢？是用那筆錢和朋友去外面吃午餐比較好，還是為你的個人圖書館添購兩本書比較好？哪一種花費比較務實；又是哪一種讓你比較開心呢？

要買，不買，每個人都有自己的決定方式。我們全都不一樣，但我們全都必須把我們需要的東西，和我們想要的東西區分開來。

學會分辨需要和想要是學習明智理財的一大步。你需要和想要的東西有哪裡不一樣呢？需要是一定要有的東西──食物、衣服、擋風遮雨的地方。想要則是你希望你能擁有的東西──演唱會門票、新款手機、大家都在穿的那些時髦的新鞋子。

請完成下面這張表，在每個物品前面標上記號，「需要」的打 V，想要的畫 O。

_____ 充足的一日三餐

_____ 一套精采的電影精選

_____ 藥物

_____ 到購物中心瘋狂大採購

_____ 眼鏡或隱形眼鏡

_____ 一套新衣服

_____ 昂貴的運動鞋

_____ 學用品

_____ 一隻小狗

_____ 襪子和內衣

_____ 花式巧克力

_____ 信用卡

_____ 手機

_____ 電腦

需要

想要

我們不是不能擁有很多想要的東西，重點是有所節制。假設你想要的東西是冰淇淋聖代好了，要是每次你想吃聖代，都去買一杯來吃，會發生什麼事？你可能很快就膩了！但如果你限制自己享用聖代的次數，當你吃到聖代時會覺得：嗯嗯嗯，好好吃啊！

正如世上沒有一模一樣的兩個人，也沒有哪兩個人的需要和想要會完全一致。更何況那些需要和想要時時在變。你有哪些需要和哪些想要的東西呢？

每個月記錄一次。看看你的需要和想要會如何改變。某件今年排名很高的事物，也許明年就掉到谷底。當你愈來愈成熟，隨著環境改變，你的需要和想要也會改變。

跟自己做個約定，一整個月不要買你「想要」表單上的東西，達到節制的目的。一個月過後，再看一次表單。你可以把什麼劃掉了？如果你覺得一個月太久，就從一個星期開始嘗試吧。

把你「想要」表單上所有物品的價值加起來。如果你沒有屈服於慾望，可以省下多少錢呢？

調整你的心態——錢買不到真愛

錢買得到各式各樣的物品，但無法帶給你魅力四射的個人特質，無法讓你堅強。（事實上，反倒可能暴露你的軟弱！）

所以，錢是好東西，還是壞胚子呢？那要視情況而定。讓我們看一下金錢的正反兩面。

錢在這些時候很酷：

✳錢是你辛苦工作賺來的。

✳你把錢花在別人身上而非自己身上。

✳那讓你和老朋友或新朋友聚在一起。

✳你買了某樣東西而獲得發自內心的喜樂。

✳錢是你贏來的。

✳你用錢來幫助別人。

✳錢是你在某件牛仔外套的口袋裡找到的。

✳你的支出完全在預算內。

錢在這些時候不怎麼酷：

✳你弄丟了。

✳你花光了，連午餐錢也沒留。

✳有人欠你錢。

✳你欠人家錢。

✳你為錢和朋友或兄弟姊妹吵架。

✳有人對你炫耀他╱她多有錢。

✳你超出預算太多。

✳你耗費所有時間想賺更多錢。

錢是私人的事

當約翰‧洛克菲勒（John D. Rockefeller）是世界首富時，有人問他：「要有多少錢才夠呢？」他的回答是：「再多一點點就夠。」

你對於那些光滑嶄新的鈔票和亮晶晶的硬幣有什麼感覺呢？有錢對你有多重要呢？你覺得錢是快樂的關鍵嗎？錢真的能拿來衡量成就嗎？

有錢很好，但你知道錢幾乎比任何事物更容易引起家人或人

與人間的糾紛嗎？奇怪的是，很多人非要等到錢已釀成大問題，才肯坐下來談錢的事。

要是你和你的家人突然變得很有錢，你覺得你們的人生會變成怎麼樣？還會跟之前一樣嗎？

在這個忙亂不堪、步調快速的時代，有些人被錢消費：「我需要賺更多錢。我需要買更多東西。我需要更努力工作來賺更多錢。根本沒有時間睡覺、吃飯，更別說聞玫瑰花香。我需要錢來支付我剛買和即將要買的東西。」

美國開國元勳班傑明‧富蘭克林（Benjamin Franklin）說：「凡事適可而止。」你覺得這句話是什麼意思呢？

想像你在吃百匯自助餐。長桌上堆著琳琅滿目的食物。

與其狼吞虎嚥，最好的做法是多挑幾種你覺得會喜歡吃的，每種拿一點點。慢慢吃，享受美味。如果你能抗拒再去多拿一點的衝動，這是好事。如果炸雞翅或薯條是你的最愛，可能很難放棄第二份，但那就叫適可而止。

有理財頭腦的人……

✳不會屈服於類似這種在腦海裡尖叫的小聲音：「我現在就想要這個！」

✳對自己擁有的事物感到滿足。

✳不會因為自己沒有什麼就不開心。

✳知道怎麼讓金錢為他／她發揮效用。

✳對錢通常小心謹慎、精打細算。

✳不會浪費。

以下八個概念能助你開始培養理財頭腦：

1. **擬定計畫。**

   你要著眼於未來——或者你想要擁有的未來。你要怎麼到達那裡呢？記下等你12、15、18、21歲時要達成的財務目標。你的目標可能會隨年紀增長而改變。你也需要再列一張表——寫出現在可以做些什麼來達成你的目標。寫得愈明確、具體愈好。

2. **找一位金錢方面的導師，你相信可以在理財方面給你忠告的人。**

   請這位希望你過得好的家人或家族朋友協助你安排計畫、設定實際可行的目標。

3. **用零用錢來排練真正的節目——薪水。**

   每個星期，你都會拿到某個金額的錢。制訂預算。把一部分的錢分配給飲食、衣服、跟朋友玩樂和儲蓄。如果你沒有零用錢，假裝你有，並想像該如何分配預算。你練習得愈多，未來的財務選擇就會愈聰明。

4. **了解你的用錢風格。你偏向花費，還是儲蓄呢？**

   對某些人來說，儲蓄幾乎是天性。對另一些人來說，花錢又太過容易。知道沒錢可能是何種情況的人，也許會培養出某些奇怪的

用錢習慣。可能會把錢統統存起來，害怕失去。如果你是天生的儲蓄者，那不代表你比愛花錢的人優秀，不過確實代表你在理財方面有好的開始。如果你天生有容易花錢的傾向，就多聽、多學一些概念和資訊來幫助自己存錢。（你手上的這本書應該會有幫助。）

5. 從錯誤中學習。

被敲竹槓了嗎？等牛仔褲打折等太久，等到店裡已經沒尺寸了嗎？你一定會做出很多聰明和很多沒那麼聰明的選擇。這些選擇之中，有許多會跟著你一輩子，而變成你的金錢故事。把故事跟朋友分享，從中學習、記取教訓：討論你原本可以做些什麼而有不一樣的結果，使那一次用錢成為明智之舉。

6. 寫一本《錢的日記》，記錄你對金錢的概念，以及你買了或想買哪些東西。可從你對下面這些問題的答覆著手：

你最近用你自己的錢買了什麼？你感覺怎麼樣？如果你現在可以買任何東西，會買什麼呢？你想買什麼東西給別人呢？花錢帶給你什麼樣的感覺？

7. **和朋友成立理財俱樂部。請每名成員每個月貢獻幾塊錢。**

你們可以買什麼？你們可以存錢做什麼？要怎麼投資那筆錢來賺更多錢？（可參閱第91頁到第106頁找些靈感。）你要怎麼跟朋友一起創業呢？（參閱第57頁到第61頁找些靈感。）

8. **關注經濟。養成閱讀報紙或新聞網站財經版面的習慣。**

了解一些可能值得投資的公司。想想經濟如何影響你的生活。

五個存錢目標

說到錢，要設定明確的目標。如果發生什麼變化——也許你不想存錢去看烏龜了——就修改你的目標。

我想要什麼

1. 增加大學教育基金。

2. 擁有最新的科技機件和玩具，例如智慧手表。

3. 擁有名牌潮流服飾。

4. 能夠捐錢給我覺得重要的志業（野生動物保育）。

5. ~~存錢買摩托車。~~存錢買汽車。

我需要做什麼

1. 存錢、用功念書、申請獎學金。

2. 每星期為大規模的購買存一點錢。

3. 學習當個更聰明的購物者。

4. 把零錢存起來當基金；擔任募款活動的志工。

5. 培養或許可以用來賺錢的嗜好。

3

賺錢囉
Making It

③

賺錢囉
Making It

因為你的年紀還小，你的收入可能多少受到限制。話雖如此，你還是有把錢收進口袋的時候，也有賺更多錢的機會。對大部分的孩子來說，最大的收入來源是零用錢。

零用錢——非常重要

零用錢是一些孩子每隔一段時間會從爸媽或長輩那裡拿到的錢。零用錢的概念是讓他們練習支出、儲蓄、分享和追蹤自己的金錢。這筆錢應該會讓你思考各種東西的價格，進而學習怎麼做出明智的財務決定。它也會教你愛惜你有能力購買的物品。

如果你拿到一筆零用錢，你就有機會展現你對錢有多負責。如果你的爸媽不給你零用錢，也請尊重他們。請記得，如你將在下一節看到的，賺錢的方式還有很多種。而一旦你開始證明你有聰明的理財頭腦，你的爸媽可能會注意到，而重新考慮零用錢的事。

要不要做家事

很多家庭把家事和零用錢連在一起。孩子可能每星期會拿到跟爸媽講好的金額,作為收拾餐桌、洗碗、鋪床或倒垃圾的報酬。如果你不做家事,就可能拿不到零用錢。

有些家庭認為零用錢不該跟家事綁在一起。他們相信家事是你身為家中一分子,本來就該做的事,不該因此得到報酬。理由是,成年人煮飯洗衣又沒零用錢,小孩子憑什麼?

但很多家庭同意,有些家事,特別是要花較多時間心力的苦差事,例如刷洗廁所或打掃庭院,可能需要多給點錢。

一些理財專家相信,零用錢該在固定的時間給,例如每星期五下午四點。畢竟,在真實世界,人們是在固定時間領薪水的。用這種方式發放,零用錢也容易記錄得多。

值得一提的是,當你花自己的錢時,你可能會比較不願意和大鈔說再見。如果錢出自你的口袋,你可能會決定買比較便宜的外套,以便也能存一點錢下來。你也可能會比較愛

惜你買的東西。如果你可以讓東西看起來跟新的一樣，就不必更換
了。而那意味著，你的口袋裡會有更多錢。

關於零用錢的要與不要

要

✳ 要講理。如果你的爸媽告訴你他們給不起零用錢，請尊
　重他們，理解他們有自己的預算考量。你還有其他賺錢
　方式嗎？（見第<u>57</u>頁到第<u>61</u>頁。）

✳ 在領零用錢之前，要跟爸媽講好基本規則。零用錢要拿
　來付學校的午餐嗎？朋友的生日禮物呢？慈善捐款呢？

✳ 要跟爸媽講好在每星期的固定時間支領零用錢。（告訴
　他們，現實世界就是這樣！）

✳ 要請父母給你編列預算上的建議。

✳ 要從使用零用錢的錯誤中學習。

✳ 要記錄你的錢花到哪裡去了。

✳ 要在出門購物之前做好計畫。

✳ 要把零用錢放在安全的地方。

不要

* 不要把零用錢花光光。至少留一點儲蓄和分享。

* 如果你這次把錢揮霍光了，不要煩惱；跟自己做個約定，下星期會用得聰明點就好。

* 未經深思熟慮，不要花錢買貴重的東西。

* 如果你的朋友零用錢比你多，不要生氣；接受預算有限的挑戰。

* 如果你在學校表現良好，不要請爸媽多賞你零用錢。討個擁抱吧。

你該拿多少零用錢？

有些理財專家建議，看你幾歲，每星期就拿幾美元的零用錢。所以，如果你 9 歲，一星期就支領 9 美元（約 300 元台幣）。也有專家認為應取決於以下因素：

* 你爸媽的能力範圍。這個金額必須符合他們的預算。

* 其他跟你同年齡、需求類似的孩子拿多少錢。

* 你住的地方。若是在大城市，物價通常比鄉鎮地區來得高。

管理零用錢

對大部分的孩子來說,零用錢不是可以調整的。你每星期都拿一樣的金額,就算那個星期剛好包含假日。因此,提早計畫、為一整年的特別物品或場合存點錢,是你的責任。

在用錢時犯一些錯誤是正常的。你可能會發現在某個星期,才星期三你就快把零用錢花光了。發生這種事的時候,試著在下星期多存點錢就好。如果錢花得太多,不要對自己太嚴厲;請記得,我們都要從錯誤中學習。

事先詳細計畫。知道下個星期你打算存多少錢、花多少錢、捐多少錢。事先計畫也許可以杜絕計畫外的支出。

別弄丟了。放在安全的地方。老是帶著錢到處走並不聰明。如果你的錢不在口袋裡,你就不會花掉了。

要求加碼的時候

希望多領一點零用錢嗎?在你開口請爸媽給你更多零用錢之前,先想想下面這幾點。請記得,如果你在這方面做得好,這將是非常棒的練習:在你有工作以後,你會知道該怎麼要求加薪。

1. 向爸媽證明你可以為自己的錢負責。說說你怎麼減少手機數據流量（那對很多爸媽來說是不小的開銷）、隨手關燈節能減碳，或限制自己每星期只上一次餐館外食。

2. 請求承擔新的責任：為了交換「加薪」也好，或純粹想幫忙也好。

3. 告訴爸媽你每星期和每個月的預算。仔細規劃。解釋你已經打算怎麼增加儲蓄、減少支出。

4. 保持冷靜。用爭執或吵架的方式可能會使事情更糟。

省下來！

下面是十一個輕鬆容易的省錢招式！

1. 做戲服、不要買。用家裡面的舊衣物和配件製作原創性十足的戲服。

2. 和朋友交換衣服穿。

3. 上拍賣網站和二手商店。那裡有很多便宜的好貨。

4. 和朋友交換書看，或利用圖書館。

5. 外出用餐時，喝白開水，不要點汽水；那不但不用錢，而且對身體好。

6. 參加公園的免費音樂會和其他免費的社區活動。

7. 剪下你用得到的個人用品優惠券，例如護髮霜、乳液、指甲油等等。

8. 和朋友一起在社區辦一場舊物拍賣。集合你從小到大的用品、玩具、衣服和書籍。

9. 不要口袋鼓鼓地逛街。

10. 自己做信紙和節日、生日卡片。

11. 去遊樂場或購物中心時，少買些零食飲料。

聰明理財絕招

馬上存錢

請爸媽給你 10 個 10 塊錢，不要給一張 100 元鈔，或給 5 個 10 塊錢，代替一個 50 元硬幣。這樣你就可以馬上撥出幾十塊錢去儲蓄和捐贈了。

完美的紀錄

用一個收納盒保存你拿零用錢購買物品的收據。把收納盒放在容易拿到的地方。如果你需要退換什麼東西，你買東西的收據和紀錄都在那兒。

工作適合你嗎？

如果你問老師或爸媽怎樣才能賺很多錢，他們可能會告訴你，在不久的將來，你將——拜託來點背景音樂——加入職場。

牙醫、醫師、護理師、網頁開發工程師、會計師、物理治療師、數學老師。

根據 2015 年《美國新聞與世界報導》（*US News and World Report*）一項研究，上述職務是收入不錯、工作穩定、又能維持工

作與生活平衡的組合。

　　現在就找份工作，在就業的世界取得優勢吧。你會得到什麼收穫？你將學習與各式各樣的人相處，你會明白理財的重要，也可能在步入青少年之前，就有一疊鈔票了。（開始為車子或大學存錢永遠不嫌早！）

　　無論是修電腦、拍照、刈草、照顧嬰兒、回收瓶瓶罐罐或幫鄰居打雜，今天的年輕人有的是賺錢的機會。如果你夠精明，也可能成為成功的企業家──也就是經營自己的事業。所以，如果你年紀太小不能到外面謀職，如果你還不具備當餐廳服務生或分發冰淇淋的能耐，別擔心：還有一大堆你可以做的事。

做好工作的準備了嗎？

　　你要怎麼知道自己可以找工作了呢？問自己下面幾個問題，選出與你感覺最接近的答案。

1. 你覺得自己的空閒時間太多了嗎？

　　a. 是。
　　b. 沒有。我喜歡看灰塵在房間窗台堆積。

2. 你希望多認識一些人嗎？

　　a. 希望。
　　b. 不用了，我跟手機安靜宅在家就好。

3. 你想要學點新的東西，而不只是你最喜歡的廣告標語嗎？

a. 好啊。

b. 不用了，打嘴砲就是我的人生。

4. 你想要賺點錢零花嗎？

a. 想。

b. 不用，我爸媽會給我。

5. 你花零用錢花得毫不吝惜嗎？

a. 是的。

b. 沒有，我還沒拿到錢就花光了。

6. 你厭倦開口要錢──乞討──了嗎？

a. 是的。

b. 還好，我可以一直討、一直討，沒問題！

你的分數

如果你有三題以上答 (a)，就表示該找工作了！

做自己的老闆

開始自己經營生意來賺錢吧。成功的企業家：

富有想像力	要有想像力才能提出大膽的構想。
創意十足	要有澎湃洶湧的創意才能設計嶄新的東西。
活力充沛	創業需要活力。可能要嘗試二十五次。
充滿決心	不能輕言放棄。一定有出路，而你會找到的。
善於組織規劃	你要做翔實的紀錄、堅持絕不超出預算。

在這裡找一份適合你才能的事業。可以多試幾種。

喜歡小孩嗎？

如果你對小小孩很有一套，可以當個臨時保母。爸媽通常很樂意給親切可靠的保母不錯的酬勞。如果你年紀太輕，沒辦法自己看顧嬰兒，就當爸媽的幫手——你可以餵寶寶吃東西、陪他玩、念書給他聽，讓他的爸媽有餘裕去料理家務或照顧其他小孩。等你夠大、可以自己照顧寶寶時，已經有相當不錯的人脈了。

祕訣：到當地的保母協會上臨時保母課程來充實你的技能。你可能要學急救和安全事項，一上工便可能派上用場。

喜歡玩車嗎？

　　和幾個朋友組隊提供洗車服務。請記得，愛車人士每個月至少需要洗一次車。在附近找間洗車場，薪水談低一點。如果你做得不錯，整個春天和夏天就不愁沒事情做了。

祕訣：和別人一起工作時，記得分工合作。可以一個人負責接待、一個人洗車擦車、一個人用吸塵器、一個人烘乾車窗、一個人收款開收據。大家輪流，讓人人都有機會做到每一項工作。

有動物作伴就覺得充滿生氣？

　　每天照顧動物、帶動物散步、幫牠們洗澡來賺點外快吧。可以發傳單、提供新顧客折價券。幫你的寵物生意取個活力十足的名稱，例如寵物當家、毛朋友、好狗日等等。

祕訣：如果顧客信任你、喜歡你，這是那種真的能大發利市的生意唷。讓大家口耳相傳。多做一點事情。製作日誌，詳盡記錄寵物那天做了什麼，交給顧客。如果你幫狗狗洗澡，不要弄得到處濕漉漉的，請整理乾淨；另外，來點特別的──在狗狗的毛上繫條鮮豔的緞帶吧。

老想往外跑嗎？

你可以提供完整的草坪服務，包括刈草、除雜草、修剪和花卉養護。跟一小群朋友合作，以每星期開發一名新顧客為目標，一定要讓草地乾淨清爽唷。

祕訣：把價錢打出來，讓顧客在你上工之前就很清楚該付你多少錢。

未來的主廚？

別光賣檸檬汁——戶外咖啡館怎麼樣？提供冰紅茶、無酒精飲料和檸檬冰（把檸檬汁倒入一杯刨冰裡）。如果你喜歡甜點，也可以賣些烘焙品。把點心飲料放在推車上。貼一張價目表。取得許可，在跳蚤市場或其他社區活動設點，或在遊樂場、網球場、游泳池附近擺攤。好的價格和對的地點是關鍵。

祕訣：提供免費的試吃品來吸引顧客，帶大量銅板找零，用色彩繽紛的紙桌巾幫你的茶點攤裝飾一番。

善於處理細節？

做一日貼身服務或個人助理。從整理櫥櫃、擦鞋、購物到移植花木和協助計畫派對，什麼都可以做。

祕訣：把你可以提供的所有服務列成一張表，拿給你的顧客。認真工作、保持微笑。

超級科技通？

用你的電腦和平面設計技能創作令人目眩神迷的傳單、客製化的節日卡片，或家庭通訊。

祕訣：如果你會用電腦打字、設計和出版，製作一個樣本檔案夾，出示給顧客看。你可以創作標語、網頁、客製化的日曆、信紙，或提供打字服務。按頁計酬。

手工藝美少女(男)？

自己製作相框、串珠項鍊、T恤、3D動物書籤（用毛氈碎片和鈕扣做）；或賣客製化的剪貼簿。問爸媽或長輩能否幫你在Etsy、Pinkoi等網路商城銷售你的作品。

祕訣：出示你的設計樣品時，要附上價格表和訂貨單。訂定每一項物品的價格之前，要將所有供貨成本及你想賺取的利潤列入考量。

很會搞笑？

在幼童的生日派對做娛樂表演。穿戲服。很多受歡迎的人物都有各種尺寸的戲服。投資臉部彩繪的工具。手上要有一些受歡迎的童書。如果派對有暫時安靜的時間，你可以分享一則好聽的故事。

祕訣：和幼童一起工作時，要準備一大堆點子、隨時隨地維護場地清潔，而且一定要注意安全，安全第一。

熬過暴風雪？

如果你住在多雪的氣候裡，也可以靠雪賺錢！和好朋友合作，投資幾把鏟子，剷除車道和人行道上的積雪。下大雪，代表錢來也！

祕訣：跟你的常客約定好，每場降雪過後都幫他們剷雪。

最重要的事

在你大展鴻圖之前,一定要確定這幾件事:

✳ 你安全無虞。要讓爸媽知道你什麼時候會在哪裡。也要確定自己做這份工作是自在愜意的,並且擁有完成工作所需的一切資訊。千萬不要一個人挨家挨戶推銷。相信你的直覺。如果覺得有哪裡不對勁,就別再繼續。

✳ 你確實算出創業需要多少錢。擬訂計畫。購買用品的錢從哪裡來?你想要賺多少錢?你真的有辦法獲利嗎?

✳ 你具備這份工作需要的知識。如果你要照顧狗狗,最好對狗狗有所了解。如果你要做草坪的工作,就得知道怎麼除雜草和修剪。如果你要賣美味小點,選幾份經試驗證明可靠且容易上手的食譜。

✳ 你很喜歡你在做的事。如果你對你選擇的工作感到痛苦,那可能就不是適合你的工作。找到你喜歡做、也能做得好的事。

✳ 工作配合你的時間。學業比事業重要;籃球練習和小提琴課也比做生意重要。仔細查看每日行程,讓你有充裕的時間完成你的工作。

✳ 那是你的工作,不是別人的。如果你為自己安排的工作太吃重,不要轉給爸媽做。那樣是不對的。

✳ 你的價格公道。在為你的商品制定價格時,除了把你所有原

料的成本加起來，還要加上時間和勞力成本。你會希望價格能支應你所有費用，外加一點點獲利。如果你要為某項服務用鐘點計費，請參考別的孩子怎麼為類似的工作收取費用。

✳你的言行舉止要專業。要準時、笑臉迎人、對顧客好、工作盡責。

✳兼顧工作和玩樂。如果你覺得喘不過氣，請爸媽或大人給你建議或協助。

✳你要拿一些獲利進行再投資。例如，如果你經營草坪養護事業，可以拿你賺到的一些錢購買新的園藝工具，讓你得以更快速地修剪樹籬。

✳嚴肅看待你的工作。記錄你每小時的工作內容，向自己保證，要盡可能做到最好。

增進賺錢能力的十種方式

1. **多看報**。知道世界發生什麼事，跟別人就有話聊。

2. **練習閒話家常的藝術**。養成路上逢人就說「哈囉」、「你好」的習慣。

3. **一定要留給人好印象**。如果你有面試機會，要看起來乾乾淨淨、整整齊齊。

4. **做「與人目光接觸」的小孩**。說話時要看著對方的眼睛。這能使對方放鬆心情，讓他們知道你為人誠懇、值得信賴。

5. **協商**。如果有人提供工作給你但酬勞聽起來不太合理，或是工時太長，不要咬牙接受。試著為自己爭取最好的條件。畢竟，那是你應得的。

6. **自我宣傳**。知道你的長處，了解你的短處。把它們寫下來。你會騎腳踏車、會用煎鍋或計算機嗎？你是科學和籃球方面的好幫手嗎？做足準備，聊聊你的長才。另外，也要以正面的態度提出你的缺點，或試著把焦點放在你應徵的那份工作用不到的弱點。例如：「我正在努力提升我公開演說的能力，雖然我不認為那對這份工作很重要，但我覺得無論如何，公開演說都是值得擁有的優秀技能。」

7. **要讓人覺得你有意思**。聊聊你的個人經驗，提到幾件你喜歡做而覺得好玩的事情。

8. **抬頭挺胸**。良好的儀態很重要。

9. **留意你的肢體語言**。手不要插在口袋裡，不要顯得一副無聊或厭倦的樣子。微笑是好事。

10. **隨時保持幽默感**。那有助於使對方放鬆心情、容易化解尷尬的局面。

未來的財富

　　工作吧。雖然只是兩個字，但那不代表它沒什麼大不了。不論是你現在從事的工作，或你未來的事業，你都要喜愛你做的事，並從中獲得樂趣──以及金錢。

4

善用你的理財頭腦
Using Your Money Smarts

4

善用你的理財頭腦
Using Your Money Smarts

現在，既然你有零用錢，錢都在你手上了。而錢不見得容易牢牢掌握、不讓它溜走。你可以怎麼管理你的收入和支出呢？

你會編預算嗎？

預算是能協助你掌握金錢動向的計畫。那讓你知道會有多少錢進來（收入），以及所有的錢往哪裡去（便利商店、看電影），讓你能夠量入為出。只要勤加練習，編列預算、遵循預算將會變得容易。很快你會恨不得早點學會編列預算，就不會白白浪費錢了！沒有比現在更好的時機。而編預算也是一項好玩而有報酬的挑戰，特別是你有實際財務目標的時候。

編列預算的第一步是弄清楚你目前的狀況。方法是列一張收支表（收入：你每星期的錢從哪裡來；支出：你每星期的錢往哪裡去）。

預算

每星期平均收入：

零用錢	$500
午餐費	$400
零工所得	$600
總收入	**$1,500**

接下來，列出你每星期的支出。

每星期平均支出：

學校午餐	$300
點心	$200
衣物／配件	$350
娛樂 （遊戲、電影、書籍等）	$350
藥妝店和雜支	$200
總支出	**$1,400**

$1,500 – $1,400 = $100 可供儲蓄、捐款和投資

平衡收支預算意味用總收入減去總支出。如果你得到負數，表示花太多錢，超出預算了！你需要增加收入或減少支出，讓預算恢復平衡。

既然你已經明白自己的錢花到哪裡去，你可以設法減少支出。例如，你真的需要平均每星期花 350 元在娛樂上嗎？何不跟朋友交換書籍和影片看呢？你可以一星期至少從家裡帶兩次午餐到校，多存點錢嗎？

編預算的訣竅在找出適合你的公式。你屬意一星期、一星期編一次，或者月預算表比較適合你呢？你喜歡用電腦還是徒手記錄事情呢？你會隨身攜帶小筆電，以便隨時記下支出嗎？你會保存收據然後把確切的金額加起來，或者全憑記憶？請記得，存錢意味著學習以少於所得的資金過日子。有時你需要發揮創意，想出新的方法來去掉不必要的支出。

把你每星期的預算保存下來。編預算，一如其他重要的事項，會隨著經驗累積而愈來愈容易。

家庭預算

你家裡有編列預算嗎？維持家庭運作需要哪些種類的支出呢？問你的爸媽是否願意給你看他們的每月預算表。你可以提供聰明的省錢構想嗎？為了省錢，可以建議家人大宗採購紙類用品或乾燥穀物之類的商品嗎？

錢的窘境

問題通常都有辦法解決——甚至有數種解決之道！下面有幾個有關預算的情境，可以使你解決問題的大腦加速運作：

問題

我喜歡流行的玩意兒。我想要走在時代的尖端。我知道我會浪費很多錢，因為現在流行的可能不到幾個月就退燒了。但我還是深深著迷於最時尚的外表。

解決之道

限制自己，每兩個月買一件流行的物品。追隨流行可能代價昂貴。如果你真的是趕時髦的人，請做領導流行的人——在牛仔褲上縫很酷的貼布、用五顏六色的毛氈製作令人讚嘆的袋子。把你已經擁有的物品化作時尚宣言。那就叫「以有限的預算追隨流行」。

　　我有一個要好的朋友，身上一定有現金。每當我們在外面消費而我缺錢時，他都說要幫我出。我知道爸媽不會想要我跟別人借錢，但我很不好意思告訴我的朋友，他的友誼我負擔不起。我該怎麼辦呢？

解決之道

　　有些很有錢的人不知道沒錢是什麼樣子。那就是你為什麼得讓對方明白你的情況。向爸媽從實招來。問他們能否借你錢還朋友。然後，跟你要好的朋友解釋你手頭並不寬裕。鼓勵朋友跟你做其他不必花大錢的事情——例如到公園裡騎車或散步。現在你明白囉。

問題

　　我最好的朋友跟我生日同一天！我們交換生日禮物，但她花200元買我的禮物，我卻花了500元買她的禮物。現在我們倆都覺得很尷尬。

解決之道

　　別讓這次生日的小意外傷害你們的情誼。一笑置之吧。明年，可以設定禮物的價格上限，或乾脆一起去吃披薩和冰淇淋慶生囉。

我買東西之前一定會研究調查一番。那東西賣多少錢？我還可以去哪裡買？有什麼方法可以買到便宜一點的呢？這對我是很大的挑戰，但朋友老是取笑我。他們覺得我小裡小氣，覺得我想買什麼就買啊，幹嘛想那麼多。

解決之道

讓你朋友知道，你的研究已經替你省了多少錢，藉此讓他們對貨比三家感興趣。下次他們要買東西時，主動協助他們比價。最後他們會感謝你的，因為浪費錢並不是什麼光彩的事。

花錢、花錢、再多花點

歡迎來到消費者文化。你一定要買最好、最奢華的款式、極品中的極品，而且現在就要！當消費者很棒，但你在買東西的時候，要注意品質，並試著不要超支。

廣告不是你看到的那樣

如果你跟大部分的孩子一樣，你會花很多時間看電視。到目前

為止，你或許已經看過三萬支廣告了。廣告是一大堆強有力的訊息，介紹糖果、玉米片、速食和玩具給你認識。如果你跟許多孩子一樣，你也許相信嘎吱嘎吱的糖果可以讓你受歡迎、帶給你快樂，某隻娃娃能讓你立刻交到朋友，或某種玉米片能讓你超級強壯又聰明。想想前一次你相信電視廣告的承諾，買了某件商品的時候。那件商品有做到它的承諾嗎？

　　只因為我們看到某件商品猛打廣告，不代表它真的是最好的。那只表示有人花了大錢，讓產品在電視頻道出現。

　　廣告商在找你。他們想要你把錢統統花在他們的產品上。而廣告也不只出現在電視。網際網路、布告欄、玉米片包裝盒的背面、廣播節目和我們衣服上的那些商標，無處不是廣告。

「立即滿足」的測試

第一步

放下來。放下那件商品。手放開。眨眨眼，消除商品在眼前的影像。在你的想像力之窗（你的腦海）裡，形成那件商品的圖像。

第二步

離開那件商品。改變你的視野。在腦海裡啪地一聲關掉店裡的燈。在店裡走一圈再回來。它還在那裡嗎？你還想要嗎？有任何事情改變了嗎？

第三步

讓自己化作你所認識最懂得理財的人。是你的爸媽、親戚、鄰居，還是朋友呢？現在，想像自己是那個人，認真盯著腦海中那件商品的圖像。那個人會想要或需要買那件商品嗎？那個人會覺得買那件商品是明智之舉嗎？

第四步

既然你已來到第四步，就代表你一定真的很想要那樣東西！現在，取出你腦海中的畫面，跟它說話。告訴它你對它有何期待。你希望它讓你看起來比較酷？或看起來聰明一點？告訴它你想從它那裡得到什麼。好。當你跟它講話時，它有回你話嗎？如果有，如果它真的跟你說話了，就去把它買下來吧！

立即滿足的衝動

　　試著抗拒那些炫目的電腦、手機或手表。那架無人機、那件牛仔褲、那條你非要不可的珍珠項鍊、那雙運動鞋（那是你今年的第三雙！）、那塊新滑板，所有你想要的東西。你也許認為你需要它們，也許你是真的需要，也許不是。你得做做「立即滿足」的測試才會知道。

　　立即滿足——現在就需要擁有——是過度花費者的核心問題。過度花費的人一看到東西，可能不假思索就會買了。你心裡的聲音告訴你：「我現在就需要！」

　　下一次在你看見自刺青貼紙以來最流行的配件時，或好想嘗嘗看花俏的可麗餅或鬆餅，但價格是你在家自己做的三倍時，做一下「立即滿足」的測試吧。

購物時間

　　想像你在你最喜歡的服飾店。你在採買上學要穿的秋季服飾，但大特賣的標語吸引你的注意。所有夏季長褲、短褲和 T 恤全都打 3 折！那樣可以節省很多錢欸。你會怎麼運用你的錢呢？會如你原先的計畫，拿來買秋天的衣服？還是會把握省錢的機會，買你知道你兩、三季後穿得到的物件？當天氣開始變冷、中秋節就在眼前，

可能很難想像買夏裝的事。但如果你是真正精打細算的購物者，你會想往後的事。季末出清是存貨的好時機。

買非當季商品作為日後贈禮，也是省錢的好主意。何況除了你，沒有人知道你是在什麼時候買的。

衝動購物

我們的購物常在計畫之外。在某些雜貨店，顧客也許會被可口、現做的免費試吃品吸引，例如蘋果汁、藍莓派等等。原本只打算買牛奶、蛋和奶油的購物者，推車裡可能會裝滿數十件計畫外但美味的食物。衝動購物本非壞事，但如果失控就不好了。

去哪裡買

今天的「購物」可能代表去前往型購物商城、專賣店或暢貨中心採買。也可能指坐在客廳使用電腦上網。我們有好多、好多種購物選擇。

如果要買各式各樣的商品，百貨公司和連鎖店是好選擇，它們通常也有不錯的特賣。你可以在專賣店找到較具原創性的服飾或珠寶，這種店面可能比較小，一般由當地人經營。名牌二手店則有些東西真的是「第二次比較好」的明證。

線上購物的商品從精緻的巧克力、玫瑰花到超大尺碼的運動鞋，

應有盡有。只要敲幾下滑鼠或點幾下螢幕，就幾乎什麼都買得到。但上網購物時，請記得幾個重要事項：

* 請爸媽或大人幫你確定網站安全無虞。

* 在購買任何東西之前，先查閱網站的隱私聲明。

* 列印收據和書面確認。這可充當交易紀錄，以免你的訂購遇上問題。

做個聰明的消費者，貨比三家不吃虧，判斷不同的品牌。在購買前跟親朋好友聊聊，找出他們最滿意的品牌。研究產品，多去幾家店逛逛再做決定。用優惠券來節省食物和其他商品的開銷。

一定要查明商店的退換貨規定，以防萬一你下個星期發現你已不再喜歡當初你非買不可的新外套，還可以退回去。如果不能退換，可以把它和其他狀況良好的舊衣服拿去二手商店、社區跳蚤市場或透過網路拍賣，看看能不能換一些錢回來。

5

錢滾錢
Growing It

錢滾錢
Growing It

當你達成設定的財務目標，那真的很有成就感。靠自己、用你存下來的錢買到東西，會讓你覺得既獨立又聰明。那種感覺就跟你做運動、吃對東西、寫故事、寫詩，或做了一件你知道對身心有益的事情一樣。

試試看

接下來兩個月，每天晚上把你在口袋裡摸到的所有零錢放進一只玻璃罐。看著錢慢慢變多。兩個月後，把錢數一數，然後拿來做特別的事——捐給需要的單位、存進銀行，或留作買佳節禮品的經費。那是你可能已經忘記自己有的錢！

存進銀行！

存錢意味著如果你因計畫外的事情需要用錢——如果你的自行車需要修理、如果你弄丟眼鏡而需要買新的——你有錢可以用。另外，有些東西是你需要或想要，但價格貴到你得存錢才能買的——也許是智慧型手錶、新的家具、汽車等等。要確定你有錢買這些東西，最好的辦法是把錢存在銀行裡。

賺取利息

艾娃把她當臨時保母賺來的酬勞存放在一只舊鞋盒裡。她喜歡隨時看得到它，每隔一段時間，就會把盒子拿起來搖一搖。但艾娃要怎麼讓她的錢變多呢？她可以存在銀行的儲蓄帳戶裡，在那裡，錢可以孳生利息。

利息是怎麼運作的？假設你在銀行存了 100 元，而銀行答應付給你每年 5% 的利息，那表示你每存一塊錢在銀行，

銀行每一年會付給你 5 分
錢，所以第一年過完，你會
有 5 塊錢的利息。

　　錢存在銀行很安全。銀行有
防火的鋼製保險庫，只有銀行
員工可以開啟，且須遵守嚴格的
安全規定。當你把錢存在銀行帳戶裡，銀
行會把那筆錢以高於付給你的利率借給別人。那就是銀行賺錢的方
式。銀行付給你利息。那就是你賺錢的方式。收到銀行對帳單時，
你就可以看到自己收到多少利息了。錢不會坐在那裡不動──它會
變多！

　　要是你跳過居中的銀行，直接把錢借給朋友並收取利息呢？這
聽起來怎麼樣？啊哈，但先撇開利息這回事，萬一你的朋友不還你
錢怎麼辦？到時你將一無所有，連朋友也丟了。有時候，借貸聽起
來是不錯的主意，但正式的透過銀行借貸，一定比較安全。

　　在銀行，你儲蓄帳戶裡的錢愈多，賺的利息就愈多。許多銀行
提供複利，那比單利來得好。因為你賺取的利息不僅來自原本的存
款，也來自存款孳生的利息。你的利息也有利息，也就是利上加
利！

銀行也會提供「定期存款」帳戶，簡稱定存。你把錢放在定存帳戶愈久，利率就愈高——但如果你需要提早解約，會被收取違約金。你可以利用銀行的定期存款來籌備大學教育基金。

所以，去當地的銀行瞧瞧吧。看看它們提供什麼服務。以下是你在選擇適當銀行的時候，可以問的幾個問題：

✳ 我的存款可以賺到多少利息？

✳ 我可以在網路上進行銀行業務而不必付額外的費用嗎？

✳ 我的錢有保險嗎（以防火災、水災或搶劫）？

✳ 我的帳戶裡需要維持最低金額嗎？

✳ 如果我沒有維持最低金額，會被收取費用嗎？

✳ 這個帳戶有免費提供金融卡嗎？

支票存款帳戶

有支票存款帳戶表示你的錢很安全。如果支票簿遺失或被偷，可以換新的（但你一發現不見，就必須以書面通知銀行）。現金就不能換了。它一去不返——而那不是很好的感覺！

如果你有資格成為支票存款帳戶的客戶（銀行有時會有年齡限制），你每個月都會收到對帳單。對帳單會列出你所開立、從銀行付出去的所有支票（意思是已經付錢了）、你做的每一筆存款，以

及銀行服務的手續費。一個缺點是支票帳戶支付的利息比儲蓄帳戶來得少。當你開立支票時，通常還有其他手續費，所以如果你只是想存錢──不是要花錢──儲蓄帳戶比較適合。

你會用自動櫃員機嗎？

自動櫃員機的英文是「automated teller machine」，所以又叫ATM，而 ATM 的金融卡讓你可以透過自動櫃員機從你的帳戶支領現金。當你在晚上或週末例假日銀行關門時需要錢時，這非常有幫助。如果你年紀夠大，你在開儲蓄帳戶時就可以拿到 ATM 卡。要使用金融卡，你必須選一組個人識別碼（personal identification number，簡稱 PIN）。這六到八位數的數字就是每一次你要使用金

融卡操作自動櫃員機時，要輸入的密碼。這可防止卡片遺失或遭竊時被別人盜用。你必須記得你的 PIN，或寫下來保存在安全的地方──但別跟卡片擺在一起！

ATM 金融卡不見得是領錢最便宜的方式，你每一次使用卡片可能必須支付手續費──如果你用的自動櫃員機不是同一家銀行的機器。所以在你咻的一聲掏出卡片之前，想一想你將支付的手續費。萬一你的卡片失竊或遺失，請馬上打電話給銀行。也請記得，千萬、千萬不要讓任何人知道你的 PIN。

個人金融

請井然有序地記錄你的財務。把你所有金融紀錄依序排好，這樣如果有需要，就可以找到東西了。把銀行存款的單據和買東西的發票──以防萬一需要退換──放在檔案夾或收納盒裡，貼上標籤註明。記錄你花在大型商品的每一筆錢，以及你償還的小額貸款──這是信用紀錄的好開始。

根據《美國新聞與世界報導》，把錢存在只做網路業務的銀行，利率會比較高。很多網路銀行不收 ATM 手續費或月費。只要遵守若干預防措施，一般認為線上金融相當安全。安全專家建議，要登入網路銀行時，請透過你在你的瀏覽器設定的書籤（也就是「我的最愛」），或直接在位址列鍵入銀行的網址（URL）。安全專家建

議不要在別人的電腦登入帳戶。另外，也不要透過電子郵件傳送你的使用者名稱、密碼或 PIN、帳戶資訊或信用卡資訊。把銀行對帳單列印出來，便於核對。

錢放這裡最好

準備好來場小小的測驗了嗎？在下列情境，錢放在哪個地方最好呢？——(a)銀行、(b)撲滿、(c)你的皮夾

1. 你要去一家店，你想要的外套在那裡打五折。
2. 你每星期可以從零用錢存下來的都是零錢。
3. 你在找特別的生日禮物。
4. 你把部分零用錢存下來，想買一樣價格不低的東西。
5. 你欠某個人錢，而你將要跟他／她碰面。
6. 你的小豬撲滿塞滿了。
7. 你的零用錢會像水一樣從你手上溜走。
8. 你要招待朋友看電影。
9. 晚上把口袋清空時。
10. 你參加作文比賽贏了三千元。

答案：1. c 2. b 3. c 4. a 5. c 6. a 7. a 8. c 9. b 10. a

你的資產

成年人可能有房子、股票債券、骨董、汽車和度假小屋。那些就是他／她的資產──那個人擁有的所有物品，物品的價值可加總成某個金額。

你的資產是什麼呢？它們可能包括親友給你的東西，例如綠寶石戒指或骨董娃娃。你的收藏品也可能是資產，例如錢幣、郵票、骨董和珠寶。對某些收藏家來說，他們喜歡的那些物件是會增值的。有時候，年長的家族成員不會把那些收藏品賣掉，而會傳給他們認為可能會喜歡、珍惜它們的年輕人。

有時，某些珍貴的物品會在慈善二手商店、跳蚤市場和舊物拍賣出現，可能花一點點錢就能買到。但那不代表你該把錢花光光，買下你在那裡看到的每一樣東西。

投資入門

投資意味讓你的錢「動起來」，希望那能讓你賺更多錢。你愈早開始投資你的錢，它就有愈多時間增長。你的錢有愈多時間可以增長，往後你的手頭就愈寬裕。

投資金錢的方式有很多。最常見的是存在儲蓄銀行讓錢生利息，以及投資債券、股票和共同基金。我們已經知道把錢存在儲蓄帳戶，銀行會付我們利息，那麼債券、股票和共同基金又是怎麼運作的呢？

債券

債券是借錢給公司或政府。公司或政府答應在某年某月某日還你錢，並且照你的金額——你借給他們的錢——付利息給你。很多人把債券當成給新生兒的賀禮，或給孩子的生日禮物。藉由購買債券，他們覺得自己是借錢給國家，幫助國家壯大，而且當孩子長大成人，債券也會增值（意味有更多價值）。人們購買債券的金額稱為本金。債券支付的利息多寡，通常取決於政府或公司支付本金加保證利率的能力。美國政府債和儲蓄債券被認為非常安全，但新創公司或遭遇困難的國家發行的債券，風險就高多了。

一般的債券購買可能是一張面額 1000 美元的債券加一張十年到

期、殖利率 8%的息票。意思是，在未來十年，你每一年都可獲得 80 美元的利息，十年後，你可以領回你 1000 美元的本金。上網就可以輕鬆買賣債券。你可以上 http://treasurydirect.gov 購買——非常酷的網站，你也可以在上面玩與金錢有關的遊戲。

股票

股份是一家公司的一個小部分。擁有股份的人叫股東。如果你買了一家公司的股份，現在想拿回你的錢，就得把股份賣掉。如果你賣了股份，而價格比你買的時候高，你就賺錢了，而且可能賺了不少。但萬一那時的股價比你買的時候低，你賣掉就等於賠錢。股價一直在起起落落。坊間有千千萬萬種股票任君選擇——投資人通常會分散投資，意思是購買好幾種不同規模、類別、產業或部門的股票。

投資人購買某家公司的股票通常是基於兩個理由：股利和股價。

股利——公司賺錢時，會以股利的形式分紅。股利是公司盈利的一部分，按照每名股東持有的股數分配給股東。你持有的股份愈多，就會分到愈多股利。

股價——當一家公司成長茁壯，股票的價值也會攀升。公司變得愈值錢，股票的價格也愈高。

共同基金

　　共同基金是把許多不同的股票或債券集合在一起。當你買了某支共同基金的股份，你便和其他許多人各自擁有整個基金組合非常小的一部分。基金經理人決定要用從投資人募集的錢買哪些股票、債券和其他投資。藉由投資共同基金，你可以擁有數個不同產業部門的股票——科技、醫藥、國際企業，或保護環境的公司。

金融危機

　　關於大家常提到的 2008 年發生的金融危機。這個議題錯綜複雜，以下是簡單版的解釋。

　　回到 1990 年代初期，美國人想要買更大的房子，並且向銀行貸款來買房子，這就叫房貸。銀行透過貸款給屋主、向屋主收取比房價更高的費用來賺錢。但許多獲得貸款的人，卻一直沒辦法償還貸款。屋主當初會貸款常是因為受到特別的買房誘因所吸引，例如銀行提供頭兩年較低的月付額。但兩年一到，當款項增加，許多屋主就無力負擔了。

　　過了一陣子，銀行損失甚鉅。房價慢慢下跌，因為沒有銀行的幫助，沒有人買得起房子。投資人也損失很多他們投資銀行的錢。這對整體經濟造成相當大的問題。但現在美國政府已努力設法協助銀行、投資人和屋主重新振作。

投資要知道的六件事

如果你想要投資你的錢：

1. 因為你還未成年，必須請爸媽或監護人幫你投資。你必須年滿20歲才能買股票。你需要在證券經紀人那裡開立帳戶，他／她會幫你買賣股票。帳戶可以親自或透過信件、電話或在網路上開立。

2. 做為投資人，你的目標是建立愈來愈大、獲利愈來愈高的投資組合。

3. 世上的投資有千千百百種，各有各的風險。有些投資風險很高。那意味你可能賺很多錢，也可能賠很多錢。有些投資被認為風險較低，甚至零風險。你要做哪種投資，取決於你的個性、是否熱愛冒險，以及目前的情況。

4. 對於你考慮的投資，問自己這些問題：萬一最後我的錢比一開始來得少怎麼辦？如果我急需用錢，可以多快拿到？對於某一項投資，我如何找到更多資訊？

5. 了解相關風險，並試著讓投資風險符合你的個性和狀況。如果你喜歡刺激，也禁得起賠錢，那就去吧。但如果你會擔心賠錢，就做比較保守的投資。當然，風險較低，可能也代表獲利較少。

6. 不要把雞蛋放在同一個籃子裡。意思是你要試著分散投資；把錢放在數個不同種類的投資，不要只投入一種。如此一來，如果你在某項投資賠錢，很可能在其他投資仍有獲利。

你是哪一種投資人？

你是能承受高風險、中風險還是低風險的投資人呢？你喜歡冒很大的風險，還是會逃離風險呢？如果天氣預報說今天有 50% 的降雨機率，你會帶雨具出門，還是賭它一把呢？做做下面這項測驗來找出你的風險等級。哪一個選項最能反映你的個性呢？

1. 你雀屏中選，可以去國外讀一年的書。這是學習、認識新朋友和觀光的絕佳機會。這時你會⋯⋯

　　a. 收拾行李，準備上路。
　　b. 考慮出行，但有些猶豫，像是萬一想家怎麼辦？
　　c. 絕不可能離家這麼久。

2. 鎮上剛開了一家新餐廳，大家都興致高昂地談論那裡洋溢異國風味的每日特餐。今天的特餐是水煮鴕鳥肉佐曬乾番茄和梅子醬。這時你會⋯⋯

　　a. 吃就對了。大快朵頤！
　　b. 不太願意點鴕鳥肉，但答應嘗嘗朋友點的。
　　c. 還是吃你知道你會喜歡的——漢堡。

3. 你和家人中獎了：免費暢遊夏威夷附近一座漂亮的島嶼。唯一的麻煩是，島上有一座巨大的火山，有六百分之一的機率在你們於島上期間爆發。這時你會⋯⋯

   a. 管它的，去就對了。你有六百分之五百九十九的機率安全無虞。

   b. 去，但隨時提高警覺、抬頭注意火山活動。

   c. 拜託爸媽更改旅遊計畫。

4. 你來到全新、最高級的遊樂園。搖滾雲霄飛車看來保證讓你大呼過癮。這時你會……

   a. 排第一個。

   b. 等朋友先玩回來跟你報告情況。

   c. 頭也不回地衝向旋轉木馬。

5. 你去參加最新的電視遊戲節目，剛贏得一萬元。現在你必須決定留下一萬元、停止遊戲，或是拿那筆錢交換簾幕後面的獎品。獎品可能是一部新電腦、五萬元的鈔票，或一罐貓食。這時你會……

   (a) 選簾幕後面的。

   (b) 請觀眾給你意見，因為你無法下定決心。

   (c) 留下一萬元，自稱大贏家。

你的分數

　　每選一個 (a) 得 3 分，選 (b) 得 2 分，選 (c) 得 1 分，把分數加起來。

12–15 分　✳
冒險高手

　　想去高空彈跳對不對？「大膽一試」是你的座右銘嗎？你能承擔高風險，熱愛刺激與冒險。在投資方面，高風險投資者非常積極，願意躍入其他投資人不敢涉入的領域。你可能賺很多錢……也可能大賠。但你就算大賠也無所謂，你就是喜歡走鋼索般的生活。

8–11 分　✳
中間路線

　　每隔一陣子冒一次險，比如嘗嘗異國料理、看場驚心動魄的恐怖片、衝個大浪，這些可能很吸引你。不過多數時候，你貪圖中等風險的安逸。你在投資方面也有這種傾向，你會做謹慎的投資，藉此獲取穩定但不高的利潤，不過偶爾，你會冒比較大的風險，有比較大的輸贏。

5–7 分　✳
袖手旁觀

　　買一張獎券對你都算冒險了。你喜歡知道接下來會發生什麼事。你不喜歡犯錯的感覺。你是個保守的投資人，你尋找絕對的把握。你可能不會馬上賺到一大筆錢，但那會隨時間累積——你也不會損失一大筆錢。

股票市場

　　想想街頭的市集或鄉間的展銷會，有些人帶商品來賣，其他人則想來買東西。如果某件商品有用處，就會有很多人想要買。這會提高那樣商品的價格。相反地，如果某件商品成效不彰，人們就不會急著買，過一陣子，它就會降價求售。股票市場就是這樣運作的。那是個集會場所，稱「證券交易所」，買賣雙方齊聚一堂。有人要買，有人要賣。

為了交易，也就是買賣股份，必須有買方和賣方。但他們不會面對面說話。交易是由證券經紀人居中安排。買方經紀人說買方願意為那支股票的每一股出多少錢；賣方經紀人說賣方想要拿到多少錢。如果兩位經紀人對價格達成共識，交易便做成。基本上，如果你想要在股市投資，你的目標是買低賣高。

全球各地有一百四十多間證券交易所。例如倫敦、巴黎、香港和東京都有股市。世界上也有只買賣黃金和貴金屬的市場，以及其他專門交易石油和天然氣、稻米和小麥，以及肉品和大豆的市場。

交易在哪裡完成

「紐約證券交易所」（New York Stock Exchange，NYSE），是美國組織最龐大的證券交易所，兩百年前在紐約東部起家時只是教堂前面的一條泥巴路。當時，沒有鈔票易手，也沒有股票可買。每天都有搭船來的白銀在此交易。1792 年，二十四個人簽定協議、成立證券交易所。

華爾街，紐約的金融區，在二十世紀初期跟著工業革命蓬勃發展。突然，紐約證券交易所不是買股票的唯一途徑了。有些未能打入紐約證券交易所的股票，是在「場外」的路邊做交易。後來，政府制定正式規範，將此露天、戶外的「場外市場」轉變成有組織的

交易所，並搬入室內。1953 年，「紐約場外交易所」易名為「美國證券交易所」（American Stock Exchange，AMEX）。美國證券交易所是全美第二大證券市場，吸引和列名的公司，規模比紐約證券交易所來得小。

「美國全國證券商公會自動報價系統」，即「那斯達克」（NASDAQ），不同於前兩間交易所，因為它沒有實體的位置。所有交易都用電腦進行。

「道瓊工業平均指數」（Dow Jones Industrial Average，DJIA）是每日衡量股市整體表現的標準。它是當日三十支股票的平均數。如果那些股票的平均價值減少，我們就說股市下挫。如果那些股票的平均價值增加，我們就說股市上漲。

藍籌股（blue-chip stock）是指規模最大且穩定獲利的公司。這個術語來自賭博。撲克牌遊戲會用塑膠籌碼代替真錢，而價值最高的籌碼是藍色的。歷史上的藍籌股有奇異家電（General Electric）、IBM 和通用汽車（General Motors）等等。今天的藍籌股可能包括麥當勞、沃爾瑪（Walmart）和微軟（Microsoft）。

人們用兩種動物代表股市的漲跌。牛市指股價上漲，熊市則指股價下挫。

學習投資

　　想要了解更多投資的事嗎？以下是你可以做的。

* 成立投資俱樂部，追蹤股票表現。用玩具鈔，或請爸媽支持你做投資。

* 密切注意股市。你和朋友可以各選一支股票追蹤。月底，判斷誰做的投資比較好。誰會賠錢？製作圖表，看看股價是怎麼樣上漲和下跌的。

* 讓朋友和家人知道你正在學習投資，不介意收債券、股票和共同基金代替現金或服飾等禮物。

* 開始比較股票。找一家藍籌股，深入了解。請大人協助你申請一份年報。這家公司有哪些優缺點？

* 從報紙、電視節目和公司報告多了解股市以及不同的上市公司。

股票報告

要找出某支股票的現值和相關資訊，可以翻閱或上網看報紙的財經版。尋找像這樣的表單：

1	2	3	4	5	6	7	8
52 週 高 低	代號	名稱	每股 股息	每股 盈餘	前日收 盤價	本益比	漲跌
38 23	MM	毛毛的 鬆餅	.10	.07	12	27.17	+.22

1　股票在前五十二個星期的最高價和最低價。這告訴你那支股票的價值在過去一年變化了多少——最高每股 38 元，最低每股 23 元。

2　有時會給公司的名稱、商標或代號（通常一到三個字母）。例如這裡的「MM」代表「毛毛的鬆餅 Maumau's Muffins」，這也稱作股票代碼。

3　公司名稱——可能是簡稱，但要認得出來是哪家。

4　公司付給股東的股票紅利（股息／股利）。數字代表每一股可以分到多少錢。

5　每一股賺了多少錢。一家公司的 EPS 是其過去一年的獲利除以總股數所得的金額。

6　價格與盈利的比率。本益比的算法是用每股的市價除以每股盈利。本益比高，就代表投資人願意付高價購買這支股票。

7　股票在股市前一交易日的最後價格。

8　前一交易日的價格變化。以 MM 為例，它每股漲了 22 分錢。這看起來不多，但如果有人擁有 100 股，他就賺了 22 元了。

　　今天，要在網路找到股票報價是輕而易舉之事。這項資訊時時在更新，可查詢各大報的網站，在搜尋的欄位輸入股票代碼即可。

收集真好

郵票、錢幣、貝殼、娃娃、貼紙。這些東西有哪些共通點？它們都是人們會收集的物品。香水噴瓶也好、明信片也好，簽名、填充動物、玩偶、交換球員卡或運動紀念品也好，收集可以是一輩子的嗜好——也是安全無虞的投資之道。

6

操之在你
Be In Control

操之在你
Be in Control

信用卡讓你就算手上沒有現金也可以買東西。但這輕薄的塑膠奢侈品，是要付錢的。有些較欠缺理財頭腦的人，可能會付出慘痛的代價。很多人淪為失控信用卡消費的受害者。別擔心──只要你聰明使用信用卡，絕對不會步入他們的後塵。

你的信用

「年輕人注意！」金融公司會追著你到天涯海角。他們可能會寄郵件給你，跟你保證低利率、送你禮物、免費紅利回饋等等來讓你申辦他們的信用卡。事實上，大學年紀的孩子是信用卡公司開發新顧客的首要目標。現在，請盡你所能了解信用卡的運作方式，等你上大學以後，就知道怎麼負責任地使用信用卡了。

有些金融公司也會提供信用卡給青少年。讓我們假設你即將上寄宿學校，或你即將在暑假展開一場環島旅行。你當然需要用錢。

除了現金，信用卡或許派得上用場。信用卡讓你可以花你手上沒有的錢，向該公司借錢，然後按月分期還款加利息。但信用卡通常不會附使用者指南。第一次用卡的人往往不知道自己每個月得付多少利息來換得信用卡購物的便利。

那麼信用卡有什麼好處呢？

當你手頭拮据又面臨困境時，信用卡十分理想。你永遠不知道自己什麼時候會碰上急需用錢的狀況。

世界各地都接受信用卡。不論你來到大溪地、阿拉斯加或埃及，都可以拿卡出來刷。也不必擔心兌幣和算錢的問題──信用卡公司會統統幫你處理好。如果你計畫旅遊，先通知你的信用卡公司。這樣當他們看到你的卡片在孟加拉（或其他遠離你居住地之處）的消費，就不會質疑了。

萬一遭竊，信用卡有保障。如果你沒帶現金出門，就不必擔心有人偷你的錢了。那麼萬一你的信用卡遺失或被偷怎麼辦？立刻通知信用卡公司，卡片會被註銷。之後公司會核發新卡給你。

信用卡有什麼壞處呢？

年費。你擁有和使用的每一張信用卡，都會收取年費。

利息費。你每個月要支付一筆最低金額，但除非你把帳款繳清，餘款仍會收取利息。有些信用卡公司的利率高達 20%。

你的支出會開始超出你的能力所及。先享受後付款聽起來很棒，但那樣的花費方式可能會導致龐大的信用卡債務。這是很多人難以理解的概念。如果你老是缺錢，忽然拿到一張可以買給你全世界的塑膠卡，你會很難抗拒。你必須了解，靠信用消費可能會花你一大筆錢──你本來就沒有的錢。

你需要了解的真相

恭喜，你剛拿到人生第一張信用卡！請讀一讀這些真相，每一次刷卡時都要謹記在心。

* 「塑膠貨幣」不是不用錢。要確定自己有能力償還再刷卡。

* 刷卡金額應儘速償還。如果你的帳款沒有繳清，餘額會收取利息。當利息愈滾愈多，你就有怎麼也無法還清的風險了。

* 如果卡片弄丟，馬上通知發卡公司，避免被收取不該由你支付的費用。

* 如果搬家，記得立刻更新聯絡資訊，以免逾期未繳款而被收取費用。

* 仔細核對每月對帳單。確定每一筆都是你的消費。雖然可能性不高，但信用卡公司確實有時會出錯，而挑出錯誤是你的責任。

* 當心信用卡公司頻頻引誘你花錢、花錢再花錢。當你開始濫用信用卡，可能就很難停下來了。習慣一旦養成就很難改變。

* 想想你的未來。信用問題會一直跟著你。現在把卡刷爆，或許以後你就不能申請學生貸款、買車或購屋了。如果一家公司無法確定你會不會還錢，它為什麼要借你錢呢？

* 成為信用卡持卡人之後，你就有機會證明你可以準時付帳。

你的資訊會被轉入信用報告。在你往後的人生，當雇主、房東或保險公司想了解你詳盡的信用紀錄時，這份信用報告對你大有幫助。

身分危機

18歲的大學生奧莉維亞正在一家在地咖啡館使用她的筆記型電腦。念書念了一會兒，奧莉維亞開始瀏覽網路，想要買點東西。然而她不知道的是，有個陌生人正在她背後，做俗稱「肩窺」（shoulder surfing）的事情。陌生人在奧莉維亞身後忙著竊取她的個人資訊。

一個星期後，奧莉維亞在核對她的月對帳單時發現有事不對勁。有9萬元的消費來自奧莉維亞連聽都沒聽過的商店！就在這時，她知道自己的身分被盜用了。「身分盜竊」指有人未經你的許可，擅自使用你的個人資訊。這是詐騙行為。是違法的。

不同於你獨一無二的指紋，個人的信用卡資訊、身分證字號，和醫療資訊是會被盜用的。身分竊賊會盜用這些資訊來買東西、申請新的信用卡、辦貸款和保醫療險。如果你沒有發現這些費用，到時要付錢的人可能是你！

幸好奧莉維亞有逐月核對對帳單的習慣，否則她可能不會發現或質疑這些被盜刷的費用。而那些費用可能會一直來、一直來。

奧莉維亞馬上聯絡信用卡公司，並撥打電話報警，舉發這起罪行，以防有更多無辜的人受害。

以下是你可以保護自己避免身分被人盜用的一些做法：

 * 如果你的金融卡或信用卡遺失或被偷，立刻通知你的
   發卡銀行和辦理掛失停用手續。

 * 盡可能不要使用公共無線網路進行線上購物交易，例
   如在咖啡店。公共無線網路較容易被有心人駭入、竊
   取你的資訊。

 * 如果你真的需要在公共場所做線上購物，要隨時注意
   有沒有人企圖在你身後窺探。當你在自動櫃員機輸入
   PIN碼或密碼時，也要確定沒有人站在身邊。

 * 留意你的信箱。如果你要離開家好幾天，請信任的朋
   友幫你收信。

 * 把載有你個人資訊的信件撕碎或用碎紙機銷毀。

 * 把密碼存放在安全的地方。不要跟朋友提到。每隔幾
   個月更換一次密碼。

 * 每個月都要仔細核對你的銀行對帳單，看看有沒有來
   路不明的消費。

 * 時常查閱你的信用報告，看看有沒有什麼變化。

　　身分盜竊是非常嚴重的問題。每年平均有九百萬美國人淪為某
種身分盜竊形式的受害者。

提防網路釣魚

什麼是「網路釣魚」（phishing）？幾乎每個人都會收到的假郵件。那些郵件自稱寄自知名公司，跟你索取個人資訊以便幫你註冊什麼網站。如果你收到這種電子郵件，不要回覆——這也是獲取你個人資訊的另一途徑。

施比受有福

為了讓世界更好，人們會捐出金錢、時間或物資。有什麼事情比知道你的捐贈改善了某個人的生活，更令人滿足呢？

你要捐出多少，取決於你怎麼看待金錢，以及你可以負擔多少。有些人試著做什一捐：把收入的十分之一捐給知名慈善或文化組織。如果你喜歡閱讀，或許可以捐給協助孩童學習閱讀的地方組織。如果你喜歡動物，或許可以捐給當地的收容所。決定權在你，而每個人

的財務狀況也不一樣。

定期捐款成效良好，因為這可以讓分享成為習慣——預算的一部分，生命的一部分。你可以選擇每個月捐一次、一年捐兩次、每年捐一次，或者想隨時捐出身上的零錢也可以。除了有錢出錢，很多組織也會感激你有力出力。

當募款人

如果你沒有餘錢，或許可以和朋友為你們喜歡的組織舉辦募款活動。試試這些好玩的募款構想：

洗車

請你的爸媽和朋友的父母捐幾條舊浴巾、抹布、海綿和水桶。在活動前幾天就張貼洗車的標語，好讓顧客能事先準備。請爸媽支援，並且，同樣地，一定要讓大家知道收益的去向。

烘焙義賣

一群朋友、一個負責監督的大人、一個在廚房的午後，可以製作出鬆餅、餅乾、蛋糕和派，拿到公園、車站附近，或在當地圖書館門前販售。讓你的顧客知道收益的去向。同時，也準備一個大罐子讓顧客做額外的捐款。恭敬地致謝，並提供顧客一、兩張寫在小卡片上的收據。

試試舊物義賣

問同條街上或鄰里的人家是否願意為你的義賣活動捐助舊玩具、衣物、書籍、家具和其他物品。請鄰居一起參與標價。同樣地，一定要讓大家知道收益的流向。記得寫張紙條向捐助物品和時間的鄰居致謝。努力讓這場活動變成一年一度的盛事吧。

社區參與

請住家當地的商店捐助物品和服務，比如美甲折價券、雙人晚餐、一雙慢跑鞋等等，然後舉辦拍賣。可以請大人協助進行，讓與會顧客競標。這是讓當地商店參與你的義舉的絕佳方式。

唱唱跳跳

你和朋友想過進行綜藝演出嗎？現在機會來了。請爸媽擔任導演和製作人，演出一些節目吧。務必先申請使用公共空間的許可。收取入場費用，並且讓你的觀眾知道收益的流向。

全心全意地奉獻

在你把錢捐給特定慈善團體之前，先徹底研究一番。令人遺憾的，坊間確實有騙人的組織存在。他們拿到錢，卻沒有做該拿那些錢去做的善事。大半善款可能直接進了他們的口袋，或製作宣傳品來要求更多捐助。也請當心聲稱你（或家人）贏得大獎，但唯有你答應捐款才能獲得資訊的慈善團體。

捐獻之前一定要了解慈善團體的相關資訊。當你找到自己喜歡的機構，可以向它索取年報。年報會概括記錄該組織的成就，也會為你提供它的支出細目。

世界各地的年輕人已致力發揮巧思來為許多慈善團體和援助機構募款，特別是在緊急情況或水旱災等全國性災難期間。在朝著共同目標攜手合作時，年輕人是非常強而有力、成功而堅決的。

而在台灣，大約有一萬五千多個慈善團體。不論你想捐錢為貧民建造房屋、治療疾病或保護身處險境的兒童，一定找得到對象。

你的金錢觀

學習妥善理財需要時間。這不是花幾小時就能學會的技能。這需要練習，需要紀律、不屈不撓、持之以恆。請願意幫忙的家人和朋友支持你、鼓勵你做聰明的理財決定。

聰明的理財技能會帶給你很好的感覺。這適用於各年齡層。如果你老是在擔心錢，就很難對自己和周遭世界感覺良好。如果你在金錢方面可以做出明智的決定，你將學會在你的人生做出有意義的選擇，不會因為在財務上依賴工作、某個人或某個地方，而為時勢所迫。

在金錢方面做出有智慧的選擇能教你知足常樂，不會老是想要更多東西。想像一下，如果我們能滿足於自己擁有的東西，會有多快樂。祝你好運，年輕的理財大師！祝你一生都能做出聰明的財務選擇。

若說你已經從這本書學到什麼，那就是擁有理財頭腦意味你會在花錢之前先想一想，會仔細規劃你的儲蓄，並始終如一的做好財務選擇。那也代表你在思考會影響荷包的事情時會遵守紀律、發揮創意。你可能會找到創新的方式將你的電腦技能或烹飪天分轉化為大把鈔票；也可能將一大部分的儲蓄投資於股票和債券。

看看你學到多少

　　這兒有個機會測試一下你剛學到的理財知識。如果你的分數顯示你邊看書邊打瞌睡,不必驚慌;只要在你需要的時候,回頭溫習一下就可以。琢磨理財技能永遠不嫌晚,也不嫌早。總有一天,你會很高興自己做到了。所以,讓我們開始吧!

1. 如果你有聰明的理財頭腦，你可能會……

  a. 設定財務目標，並擬訂有助於實現目標的計畫。
  b. 賺取、儲蓄、花費、投資和捐獻你的錢。
  c. 把所有錢投資於那家超讚的新連鎖餐廳。
  d. (a)和(b)

2. 人人都可能犯下金錢方面的錯誤。重要的是……

  a. 從經驗中學習。
  b. 更加努力，盡你所能當最聰明的消費者。
  c. 把所有收據留下來，記錄你的支出。
  d. 以上皆是。

3. 和朋友或家人有關的財務狀況可能非常棘手。碰到這種問題時，最好……

  a. 刻意隱瞞。
  b. 兩個星期不要花錢。
  c. 立刻把錢的事情談清楚，避免產生不好的感覺。
  d. (a)和(c)

4. 有些東西是你需要的；有些東西是你想要的；想要東西沒什麼不對，不過要有所節制，並確定自己……

  a. 能夠分辨需要和想要。
  b. 偶爾犒賞自己一下。

c. 可以對自己說「不」。

d. 以上皆是。

5. 如果你做到這件事，就知道你是運用零用錢的高手了：

a. 把錢統統存在銀行，就算那代表你得向他人乞討來買你需要的東西。

b. 一半拿來買點心飲料，一半花在電影和音樂上。

c. 四分之一存起來、四分之一花掉、四分之一捐給慈善團體或用於朋友的生日、四分之一放進撲滿做午餐和點心費。

d. 三分之一在這星期的一開始花掉、三分之一在中間花掉、三分之一在結束時花掉。

6. 不怎麼聰明的存錢方式是⋯⋯

a. 每天都在學校的自助餐廳買午餐。

b. 跟朋友交換音樂、電影和書籍。

c. 逛逛二手商店。

d. 剪下你和家人會使用的商品的優惠券。

7. 聰明的消費是⋯⋯

a. 拿大筆鈔票去購物中心，在一個地方花光光。

b. 去你最喜歡的店，一定要至少買一樣東西。

c. 多去幾家店比較，找出最有價值、整體而言最好的買賣。

d. 去當地的折扣商店把你能買的統統買下來。

8. 編預算的第一步是列出⋯⋯

    a. 你所有想要或需要的東西。

    b. 你所有的收入來源。

    c. 要為別人花錢時所有可能的簡便替代方案。

    d. 以上皆是。

你的得分

每正確回答一題，給自己兩分，滿分是 16 分。正確答案：

1. d　2. d　3. c　4. d　5. c　6. a　7. c　8. b

你的計分卡

0–4 分 ✳

醒醒啊！是該開始思考金錢的時候了。跟自己做個約定：每天花二十分鐘想一想錢的事——賺錢、存錢、花費和分享的方法。去附近的儲蓄銀行，觀察所有活動。

6–12 分 ✳

你的理財技能還有成長空間，但不必心急；現在開始也不算晚。每星期學五個實用的理財祕訣，並和朋友分享。和爸媽討論家裡的預算。

14–16 分 ✳

哇！你的理財觀念超棒的。給自己拍拍手。你真的了解金錢是如何讓世界運作。

你的答案有何意義

1. 有理財頭腦意味你會擬定計畫，也意味你會把你的收入分成幾類：儲蓄、支出、投資和捐獻。

2. 如果犯錯，最好的做法是從錯誤中學習。結合聰明的消費和良好的信用紀錄，你的理財頭腦會愈來愈好。

3. 說出來。如果把話藏在心裡，不愉快的感覺會回來糾纏你。有理財頭腦意味你不怕討論錢的事情，並且一定會尋找妥善的解決之道。

4. 獲得財務成功的配方如下：區別需要與想要、偶爾犒賞一下自己、也偶爾對自己說「不」。

5. 把你的零用錢想像成一塊披薩。把它切成儲蓄、支出、慈善和禮物等數片。也別忘了切給交通費和零食，這樣披薩會比較好吃唷！

6. 天天在學校自助餐廳買午餐一定會花你不少錢。想像一下，如果你一星期可以有三天帶家裡準備的便當去學校，可以多存多少錢。

7. 貨比三家。這是每一個購物者都該謹記在心的明智建議。

8. 編列預算的第一步，在你做其他事情之前的第一步，

是找出你有多少錢可以運用。然後你才能基於你的收入，列出你的想要和需要。每星期有1,000塊錢的人，和每星期有100塊錢的人，需要和想要的東西絕對不一樣。

後記

對錢的想法
Thoughts About Money

後記

對錢的想法
Thoughts About Money

不是每個人都覺得可以跟別人談錢的事情。但有時候,看看別人對錢的看法和做法也挺不賴的。以下是一些孩子對金錢的想法:

> 「我沒有自己的錢,也不需要錢。當我看到喜歡的東西,就跟我爸說我想要。如果我爸說那不算太貴,就會買給我。」
> ——艾娃,7 歲

> 「我以後想當律師。律師可以賺很多錢。」 ——馬修,11 歲

> 「我想要付我自己的大學學費。每當我拿到一些錢,我就會存進銀行。向目標邁進的感覺真不錯。」 ——瑪雅,12 歲

「我的第一部車會是破銅爛鐵。我的第二部車會非常漂亮。在我開破車時和我做朋友的人，就是真正的朋友，而他們會喜歡坐我漂亮的車到處兜風。」

——瑪蒂歐，10 歲

「我喜歡錢，我知道比特幣，我正在學怎麼交易。我認為比特幣是未來的趨勢。」

——派崔克，11 歲

上面這些話可能有些聽起來很像你會說的話。但對於金錢的觀念會怎麼隨年齡改變呢？並非所有成年人都善於理財。有些人做了糟糕的投資，有些人揮霍無度。下面是幾位對錢有一番見解的人所說的話：

「正如我媽以前常說的：『做你愛做的事，錢自然會跟著來。』我從來沒有賺過很多錢，但我喜歡暑假休息不工作。那不是金錢能衡量的。」

──安娜，36 歲，教師

「要是我小時候能多存點錢就好了。那會對我目前的財務有所幫助。現在我都得省吃儉用才能買東西。」

──培里，43 歲，影片剪輯師

「我向來喜歡好東西，也努力工作買好東西。我就是這樣的人。」
——比爾，62 歲，牙醫師

「要是我早些明白我現在明白的事情就好了。浪費錢是愚不可及的事。年輕時的我，老是想買最新款的東西。現在，年歲增長、為人父母後，我改而追尋真正有價值的事物。」
——卡蜜達，43 歲，業務經理

「有信用卡債的感覺很差。聰明點，除非必要，無論什麼東西都不要用信貸買。」

——馬爾文，38 歲，無業

「真希望我在大學念的是能幫助我找到高薪工作的科系，例如科學或數學。」

——妮基，28 歲，零售業務

「我小時候身上從來沒什麼錢。當我步入成年，開始賺錢時，我不知道錢要怎麼處理。我就是不善於理財。」

——洛夫，43 歲，水電維修人員

「要存錢，未雨綢繆。那是我能給你最重要的建議。」

——史提夫，52 歲，系統分析師

　　你可以看到，每個人對錢都有不同的想法和選擇。重要的是談一談——跟你的爸媽、你的老師和朋友。那些對話，以及你從本書學到的知識，將能引領你走上與金錢關係良好的康莊大道！

推薦網站
Additional Reading

口袋的零錢

美國鑄幣局給孩子看的網站,有遊戲和關於美國貨幣的知識。

https://www.usmint.gov/kids/

錢會說話

加利福尼亞大學經營的網站,教導青少年理財觀念。

http://moneytalks4teens.ucanr.edu/

KIDS.GOV

政府網站,有遊戲和影音,教孩子怎麼儲蓄和聰明地花費。

https://kids.usa.gov/money/index.shtml

金錢與成長

美國「理財能力總統諮詢委員會」(The President's Advisory Council on Financial Capability) 的計畫之一,這個網站為不同年齡的孩子提供不同的內容。

http://moneyasyougrow.org/

喬治在哪裡？
一個有趣的網站，追溯你的一美元鈔票去過哪裡！

http://www.wheresgeorge.com/

THE MINT.ORG
金融服務公司「西北相互人壽」（Northwestern Mutual）經營的
網站，在賺錢、儲蓄、支出和捐獻等方面都有豐富的資料。

http://www.themint.org/kids/

圖解
沒有富爸爸，也能富一生：青少年必備的金錢理財指南

2019年3月初版　　　　　　　　　　　　　　　　　　　　　定價：新臺幣280元
有著作權・翻印必究
Printed in Taiwan.

著　　　者	Jamie Kyle McGillian	
譯　　　者	洪　世　民	
叢書主編	李　佳　姍	
校　　對	馬　文　穎	
封面設計	三　人　制　創	
編輯主任	陳　逸　華	

出　版　者	聯經出版事業股份有限公司	總編輯　胡　金　倫
地　　址	新北市汐止區大同路一段369號1樓	總經理　陳　芝　宇
編輯部地址	新北市汐止區大同路一段369號1樓	社　長　羅　國　俊
叢書主編電話	(02)86925588轉5320	發行人　林　載　爵
台北聯經書房	台北市新生南路三段94號	
電　　話	(02)23620308	
台中分公司	台中市北區崇德路一段198號	
暨門市電話	(04)22312023	
台中電子信箱	e-mail：linking2@ms42.hinet.net	
郵政劃撥帳戶第0100559-3號		
郵撥電話	(02)23620308	
印　　刷	文聯彩色製版印刷有限公司	
總　經　銷	聯合發行股份有限公司	
發　行　所	新北市新店區寶橋路235巷6弄6號2樓	
電　　話	(02)29178022	

行政院新聞局出版事業登記證局版臺業字第0130號

本書如有缺頁，破損，倒裝請寄回台北聯經書房更換。　ISBN 978-957-08-5274-5 (平裝)
聯經網址：www.linkingbooks.com.tw
電子信箱：linking@udngroup.com

國家圖書館出版品預行編目資料

沒有富爸爸，也能富一生：青少年必備的金錢理財指南/
Jamie Kyle McGillian著 . 洪世民譯 . 初版 . 新北市 . 聯經 . 2019年3月
（民108年）. 136面 . 14.8×21公分（圖解）
譯自：The kids' money book: earning, saving, spending, investing, donating
ISBN 978-957-08-5274-5（平裝）

1.個人理財　2.通俗作品

563　　　　　　　　　　　　　　　　　　　　　108002092